eg

COLOREA MANDALAS 2

COLOREA MANDALAS 2

Para el equilibrio, la armonía y el bienestar espiritual

SUSANNE F. FINCHER

MADRID - MÉXICO - BUENOS AIRES - SAN JUAN - SANTIAGO

Título del original inglés: COLORING MANDALAS 2

© 2004. Susanne F. Fincher
© 2014. De la traducción, Editorial EDAF, S. L. U.
© 2021 De esta edición, Editorial EDAF, S. L. U. Jorge Juan, 68. 28009, Madrid, por acuerdo con Shambhala Publications, Inc., Boston, y con Agencia Literaria ACER, Madrid.

Diseño de la cubierta: Carlos Melcón

Editorial Edaf, S. L. U.
Jorge Juan, 68. 28009 Madrid, España
Tel. (34) 91 435 82 60 - Fax (34) 91 431 52 81
http://www.edaf.net
edaf@edaf.net

Algaba Ediciones, S.A. de C.V.
Calle 21, Poniente 3223, entre la 33 Sur y la 35 Sur
Colonia Belisario Domínguez
Puebla 72180, México
Teléfono: 52 22 22 11 13 87
jaime.breton@edaf.com.mx

Edaf del Plata, S. A.
Chile, 2222
1227 Buenos Aires (Argentina)
edaf4@speedy.com.ar

Edaf Chile, S. A.
Coyancura, 2270, oficina 914.
Providencia Santiago, Chile
edafchile@edaf.net

Queda prohibida, salvo excepción prevista en la ley, cualquier forma de reproducción, distribución, comunicación pública y transformación de esta obra sin contar con la autorización de los titulares de propiedad intelectual. La infracción de los derechos mencionados puede ser constitutiva de delito contra la propiedad intelectual (art. 270 y siguientes del Código Penal). El Centro Español de Derechos Reprográficos (CEDRO) vela por el respeto de los citados derechos.

4.ª reimpresión, enero 2021

ISBN: 978-84-414-3389-2
Depósito legal: M-19177-2014

PRINTED IN SPAIN   IMPRESO EN ESPAÑA
            Impreso por Ulzama

Índice

Agradecimientos 10

Introducción 11

Bibliografía 16

Mandalas para colorear 17

Agradecimientos

Gracias a Peter Turner y Kendra Crossen Burroughs, de Shambhala Publications, por sus sugerencias y apoyo.

Gracias a mi familia, amigos y profesores, que me han dado mandalas para inspiración.

Gracias especialmente a mi marido.

Para más información sobre Susanne F. Fincher y sus trabajos y cursos, mire la página www.creatingmandalas.com.

Para colorear más mandalas, ver www.shambhala.com.

Introducción

EL mandala es un diseño circular que nace de la necesidad de conocerse a uno mismo y de saber nuestro lugar en el cosmos. Algunos estudiosos afirman que la palabra *mandala* deriva de las expresiones del sánscrito *manda,* «esencia», y *la,* «contenedor». Los mandalas expresan lo completo y nos invitan a experimentarnos a nosotros mismos como un ser integral, un individuo. La estructura de seno materno del mandala crea un sentimiento de seguridad y protección. Al mismo tiempo los mandalas destilan los complejos ritmos del universo, y de la conciencia humana, en patrones que nos resultan manejables y comprensibles a los humanos. Así los mandalas refuerzan nuestra individualidad y nos ayudan a relacionarnos con los misterios que han dado lugar a nuestra existencia.

Los pueblos de todo el mundo, tanto de la Antigüedad como los actuales, han creado mandalas. Los mandalas de la India, China y Tibet son imágenes de realidad sagrada. En estas culturas, tipos específicos de mandalas se asocian frecuentemente con determinadas deidades y se crean para invocar su presencia. Por ejemplo, los monjes hinduistas tibetanos crean, con arena coloreada, el mandala Kalachakra (Rueda del tiempo) al inicio de un ritual de poder para invitar a la deidad Kalachakra a estar presente durante la ceremonia. Como un símbolo de un universo ideal, este mandala hace de contenedor, lugar de donde residen, para las cualidades iluminadoras de la deidad.

En las tradiciones orientales los mandalas se utilizan para comunicar las realizaciones espirituales o como medio de transmisión o enseñanza de estas a otros. Por ejemplo, los visionarios de la India pintaban mandalas en forma de círculos concéntricos para transmitir su conocimiento de que el cosmos está en simultánea creación y disolución. De forma similar los mandalas pueden servir como un foco de nuestra meditación en diferentes formas de energía asociada con deidades. El meditador desplaza su vista a lo largo del camino prescrito en el mandala para descubrir, acceder, e integrar particulares estados de conciencia asociados a los símbolos del mandala. A través de esta interacción, el mandala ayuda a los devotos a cultivarse en sus cualidades como la compasión o la sabiduría asociada con la deidad simbolizada en el mandala.

Los mandalas se crean en las tradiciones de Oriente con referencia a una realidad oculta. El verdadero mandala es un mandala interno generado dentro del artista a través de la creación del mandala pintado, o en el meditador mediante el devoto estudio de su patrón. Esta forma de pensar se entiende con la facilidad con la que los monjes tibetanos destruyen un mandala de arena en el que pueden llevar trabajando días. La arena se barre para liberar las energías beneficiosas contenidas en el mandala en la vida diaria.

Los círculos sagrados forman parte también de las culturas occidentales. Prehistóricos relieves circulares en piedra des-

Los rosetones cristianos son mandalas llenos de luz que encienden una experiencia de la presencia de Dios.

cubiertos en Dinamarca sugieren una observación reverente del sol y el paso del tiempo. Círculos sagrados en la tradición cristiana incluyen la tradición de construir vidrieras circulares, rosetones, en las catedrales góticas. Son mandalas que enfocan y dirigen la atención hacia el símbolo sagrado bañado de resplandeciente luz. En el mundo musulmán se encuentran complejas formas geométricas talladas en piedra o en coloridas cerámicas en las entradas a los lugares sagrados del Islam. Las danzantes líneas se entretejen desde el centro hacia la circunferencia y recuerdan al espectador que la matriz de todo lo creado es uno: Alá.

En las Américas los círculos sagrados son muy conocidos para los pueblos nativos. Círculos con una sola línea en espiral simbolizan la cara del dios Huichol para las tribus mexicanas. Los indios Navajo del suroeste de Estados Unidos crean pinturas circulares para ceremonias curativas; son el tipo de dibujos con polvo proveniente de polen, maíz y flores machacadas. Los pueblos de las grandes praderas construían ruedas medicinales utilizando las cuatros direcciones para transmitir la sabiduría de la tribu acerca de la vida, las relaciones y la armonía con la naturaleza.

La gran diseminación de mandalas entre culturas que tuvieron poco o ningún contacto entre ellas sugiere que todos los seres humanos comparten experiencias, preocupaciones y curiosidad al intentar conocerse y encontrar un cómodo sentido de pertenencia a la inmensidad del universo. Los mandalas simbolizan la esperada armoniosa convergencia de lo humano con los reinos de transpersonales. Aquellos que alcanzan la iluminación pueden usar los mandalas para documentar su experiencia y comunicarla a los demás.

Un tema recurrente en los mandalas es la conciencia del paso del tiempo y la realización que la vida humana es un constante fluir. Se usan para encontrar sentido en el continuo torrente de la experiencia humana. Por ejemplo, en la antigua Roma se creía que la diosa Fortuna presidía sobre una rueda celestial que gobernaba las estaciones y los destinos de los seres humanos. Esta rueda de la fortuna ayudaba a explicar los altibajos de la vida: la buena y la mala suerte eran determinados por la diosa de la Fortuna al girar su rueda.

La noción de la vida como un ciclo de experiencias cambiantes también se encuentra en algunos mandalas orientales. En la tradición budista la existencia se entiende como un ciclo repetitivo de doce etapas que abarcan el nacimiento, la muerte y el renacimiento. El mandala conocido como la Rueda de la Vida ilustra estas etapas. La leyenda atribuye la creación de este diagrama circular al propio Buda. Se le dio como regalo a un rey forastero que no sabía nada acerca de las enseñanzas del Buda. Su fascinación con el regalo le llevó a reflexionar cuidadosamente sobre este mandala. Un día, mientras lo estudiaba, el rey tuvo una centelleante inspiración. Así recibió el verdadero regalo del Buda: una vía de salida a la eterna repetición de los ciclos de la vida alcanzando la iluminación.

Los mandalas actuales creados por los occidentales sirven para lo mismo que los mandalas tradicionales: expresan nuestras experiencias y nos aportan entendimiento de nosotros mismos y de nuestro lugar en el esquema de las cosas. Los mandalas fueron un centro de interés de Carl Jung, el famoso psicoanalista suizo. Los veía como evidencia de la dinámica necesidad hacia el cumplimiento de la identidad como individuo, un proceso que denominó individuación. Según Jung, este proceso está guiado por el Self, la fuente

La Rueda de la Vida budista representa doce etapas de la vida interconectadas.

profunda del patrón de totalidad que impulsa a los seres humanos a alcanzar su potencial. Jung descubrió que el Self genera un espontáneo deseo de crear mandalas.

Al trabajar con sus pacientes en análisis, Jung observó que en el transcurso de este trabajo interior, varias partes de la psique tendían a someterse a un equilibrio siempre cambiante. Choques entre opuestos en la psique, como el ego y el inconsciente, generaban energía que ayudaba a transformar el conflicto en armonía. Este proceso de crecimiento puede ser experimentado como estresante y desafiante para atesoradas ideas y creencias. La necesidad de crear mandalas surge como uno de los mecanismos naturales autorreguladores de la psique para aportarnos una sensación de equilibrio, orden y bienestar (realmente quienes crean y colorean mandalas con frecuencia manifiestan que se encuentran más relajados).

Los pacientes de Jung le traían mandalas que habían dibujado o pintado. Estos presentaban con frecuencia patrones basados en el cuatro: cuatro objetos, cuatro colores, cruces de cuatro brazos conocidas como esvásticas (en sánscrito *svastika*, un antiguo símbolo solar que representa la rueda cósmica girando sobre un eje). La aparición de estos mandalas indicó a Jung que su paciente estaba experimentando la individuación y que un reequilibrio de la personalidad estaba en proceso, en el que las partes antes inconscientes de la personalidad afloraban simbólicamente en sueños y arte. Cuando esto se entendía y era aceptado por el ego (la parte de ti que llamas Yo), estos aspectos ocultos incrementan el autoconocimiento y hacen la identidad más compleja y estable.

La individuación es en última instancia humillante porque, si todo sale bien, el ego debe admitir el destronamiento como parte más importante de la psique. Nos damos cuenta de que el verdadero centro de la psique no es el Yo, centro de consciencia, sino el Self, que es el centro de la psique integral, aunque resida en el inconsciente. Así como la Tierra gira alrededor del Sol, el ego está sujeto al poder centrante superior del Self. A través de la individuación aprendemos a valorar y aceptar la guía del Self que se nos da en sueños o en el arte, especialmente con mandalas.

Jung estaba acostumbrado a los cuádruples patrones en los mandalas que él asociaba con el proceso de individuación. Los mandalas que no se ajustaban a este patrón le eran misteriosos. En su estudio de una señorita X, Jung incluía ilustraciones de sus mandalas basados en seis, ocho, doce y dieciséis, aunque no los comenta porque, dice, no los entiende. Es más, Jung dice que este caso no intenta demostrar cómo una vida se expresa de forma simbólica. El proceso de individuación tiene muchas etapas y está sujeto a muchas vicisitudes. Sería tarea de otro investigador averiguar las implicaciones alternativas del diseño del cuádruple mandala.

Este investigador fue Joan Kellogg, una arterapeuta norteamericana. Conjuntamente con el psiquiatra Francisco Di Leo, conceptualizó el crecimiento y el desarrollo de la psique como un ciclo continuo de doce etapas. Cada etapa abarca ciertas tareas de desarrollo y se caracteriza por un particular estado de consciencia. Las doce etapas se experimentan muchas veces a lo largo de nuestra existencia. Kellog descubrió que estas doce etapas están asociadas con formas de mandalas prototípicas.

En el modelo de Kellogg, denominado «Los estados arquetípicos del gran círculo de mandala» (o gran círculo en breve), las doce etapas abarcan un completo ciclo de crecimiento interior que comienza en una informe inconsciencia que se desarrolla en una cada vez más grande autoconciencia y realización. El ciclo llega a su término cuando las cosas se separan de forma natural, la energía retorna al inconsciente y se inicia un nuevo ciclo. Las doce etapas del Gran Círculo son: Vacío, Dicha, Laberinto, Comienzo, Objetivo, Lucha del dragon, Cuadrando el círculo, Ego en marcha, Cristalización, Puertas de la muerte, Fragmentación y Éxtasis trascendente (Kellogg más tarde vio necesario añadir una etapa 0, Luz clara).

La mayoría de las etapas se experimentan con el crecimiento y el desarrollo normales. Repetimos los ciclos una y otra vez al vivir nuestras vidas. Con cada visita a una etapa tenemos la oportunidad de consolidar nuestra maestría en los retos y los estados de consciencia asociados a esa etapa. Puede que se nos aclare el conocimiento de experiencias pasadas y resolver asuntos pendientes de esta etapa, liberando energía para centrarlas en las siguientes etapas del Gran Círculo (para más información ver mi libro *Creando Mandalas*).

Con la experiencia y la madurez accederemos con mayor facilidad al estado de consciencia inherente a cada etapa. Podemos incluso desarrollar la capacidad de ser conscientes de todas las etapas simultáneamente y, por tanto, evitar identificarnos solo con unas pocas de ellas. Esta habilidad de ver la gran imagen nos aporta una experiencia de transcendencia y una sensación de conexión con nuestra psique más profunda. Convirtiéndose esto en la tarea más importante de la individuación. De forma parecida a la meta budista de liberarse de los ciclos kármicos de la Rueda de la Vida.

En este libro nos centraremos en una de las doce etapas del Gran Círculo: la Cristalización (la novena). Se asocia con la terminación del ciclo de crecimiento que se inicia en Vacío (etapa primera). Es el punto del Gran Círculo en el que la energía de crecimiento se ha cumplido perfectamente en una creación única. Imagina una rosa totalmente abierta en un jardín soleado, aireando su fragancia mientras se balancea en la brisa. Esta es la sensación de la etapa Cristalización.

Cristalización es el tiempo de recoger los premios y beneficios del trabajo realizado, de reconocer y apreciar nuestros logros; de reposar en el placer de haber completado una inspiración creativa. El tiempo parece frenarse a un paso relajado y agradable. Es también el momento de un significativo entendimiento espiritual, cuando nuestras naturalezas espirituales y físicas entran en armonía.

Una profunda síntesis se sugiere en los mandalas de Cristalización. El Sri Yantra, un diseño indio tradicional, puede considerarse como uno de estos mandalas. Triángulos que miran hacia arriba y hacia abajo se compenetran. Los que miran hacia abajo simbolizan a Shaki, el principio femenino que representa todo lo que es activo y creativo. Los que miran hacia arriba simbolizan a Shiva, el principio masculino y la esencia de la conciencia absoluta que penetra toda realidad.

El sagrado Sri Yantra es un mandala hindú que representa las energías creativas del universo.

En la tradición hindú la unión de estas dos energías se considera que pone en marcha toda la creación.

El arte sacro de las principales religiones incluye miríadas de mandalas de Cristalización. Estos suelen ser simétricos y enfatizan el punto central. Transmiten una sensación de equilibrio, armonía y paz. Paradójicamente también sugieren una pulsante energía. Efectivamente, los mandalas de Cristalización pueden parecer cristales. Su estructura se basa en números pares mayores de cuatro (seis, ocho, diez, doce,…).

Me he centrado en los mandalas de Cristalización para este libro porque encarnan paz, alegría y realización. Trabajar con ellos puede ser relajante. Colorearlos puede aportar un equilibrio sanador a las frenéticas existencias. También porque te puede ayudar a desarrollar tu habilidad para acceder a estados de calma mental con mayor facilidad y cuando quieras. Y algunos podréis mirar más allá de los diseños para experimentar la energía espiritual que los inspiró.

Se han incluido 72 mandalas, porque 72 es un número sagrado que contiene dentro de él muchas combinaciones de los números sagrados, con mayor notoriedad el uno (simbolizando al Uno, o Dios), dos (representando la dualidad de la vida como en el yin/yang, macho/hembra, luz/oscuridad), tres (Padre, Hijo y Espíritu Santo, La diosa como doncella, madre, bruja), cuatro (como en las cuatro direcciones y los cuatro elementos de aire, tierra, agua y fuego) y doce, la base del Gran Círculo (como los doce apóstoles, los doce signos del zodiaco o los doce meses del año). Muchos de los mandalas de este libro están inspirados en el arte sacro de Oriente, Oriente Medio y Europa. Fotos de copos de nieve han servido como punto de partida de varios. Las oraciones visuales de las grandes almas inspiraron otros. Todos los he dibujado después de abrir un espacio sagrado encendiendo una vela y tras meditar unos minutos. Puede que disfrutes dando estos mismos pasos como preparación para colorear un mandala. Cualquiera que sea tu preparación, deseo que tu tiempo con estos mandalas sea de gran provecho.

SUSANNE F. FINCHER

Bibliografía

BENTLY, W. A.: *Snowflakes in Photographs*, Dover Publications, Mineola, Nueva York, 2000.

BRYANT, Barry: *The Wheel of Time Sand Mandala: Visual Scriptures of Tibetan Buddhism*, HarperSanFrancisco, San Fracisco, 1995.

COPONY, Heita: *Mystery of Mandalas*, Theosophical Publishing House, Wheaton, IL, 1989.

FINCHER, Susanne F.: *Creating Mandalas: For Insight, Healing and Self-Expression*, Shambhala Publications, Boston y Londres, 1991.

—: *Coloring Mandalas: For Insight, Healing and Self-Expression*, Shambhala Publications, Boston y Londres, 2000 (traducción española: *Colorea mandalas I. Para la intuición, la curación y la autoexpresión*, Edaf, Madrid, 2014).

JUNG, Carl G.: *The Archetypes and the Collective Unconscious*, 2.ª ed., Princeton University Press, Princeton, NJ, 1990.

KELLOGG, Joan: *Mandala: Path of Beauty*, Rev. Ed. Williamsburg, VA: Publicado de forma privada, 1997.

KELLOGG, Joan y DILEO, F. B.: «Archetypal Stages of the Great Round of Mandala», *Journal of Religion and Psychical Research 5*, 38-49, 1982.

KLUCKHOHN, Clyde, y LEIGHTON, Dorothea: *The Navaho*. Rev. ed. Doubleday & Company, Garden City, Nueva York, 1962.

Sacred Symbols: Mandala. Por los editores de Thames & Hudson, Thames and Hudson, Nueva York, 1995.

TUCCI, Giuseppe: *Theory and Practice of the Mandala*, Rider and Company, Londres, 1961.

WILSON, Eva: *Diseños Islámicos*, Ediciones G. Gili, Naucalpan, México, 2000.

ZACZEK, Iain: *Celtic Design*, Crescent Books, Nueva York, 1995.

Mandalas para colorear

Mandala 1

Seres angélicos bailando dentro del sagrado círculo del mandala.

Mandala 2

Los eternamente cambiantes ciclos de la vida vistos en flores, árboles y las estaciones celestiales parecen encontrarse en armonía dentro de este mandala.

MANDALA 3
La eterna danza de la nada hacia la forma se detiene en Cristalización, un momento de belleza.

MANDALA 4

Este mandala nos recuerda una brújula, un cristal o una estrella brillando más allá de los límites del ojo humano.

Mandala 5

Seis círculos que se cortan, como pechos, nutrientes. De las profundidades surge una voz: «Tengo todo lo que necesitas».

Mandala 6

Arcoíris, soles que se levantan y se ponen, o estrellas aladas. Todos envuelven al centro, donde cristaliza la forma de ocho puntas.

Mandala 7

Individuos en sagrada sintonía se unen al baile generando un círculo de paz, este mandala.

MANDALA 8

Triángulos que miran hacia arriba y hacia abajo descansan en los pétalos de una flor totalmente abierta, la esencia de Cristalización.

MANDALA 9

Capa sobre capa de pétalos de flor se abren en torno a un centro que, si se deja sin color, sugiere una puerta a los cambios todavía por venir.

Mandala 10
Triángulos que se compenetran significan la unión de los opuestos: luz/oscuridad, activo/receptivo, sentir/pensar.

MANDALA 11
Los mandalas están en todas partes a nuestro alrededor, incluso bajo nuestros pies cuando nos fijamos.

MANDALA 12

La estrutura cristalina de un copo de nieve fue el estímulo para este mandala, que florece como una exótica flor de flores.

Mandala 13

Las libélulas flotan como extrañas flores, cada una sujeta una perla, un sol, una luna, con primoroso equilibrio en la punta de una estrella.

MANDALA 14

El intrincado diseño de este mandala sugiere velas encendidas, una alegre reunión o una arboleda de árboles enjoyados.

MANDALA 15

Semejando una joya multifacética, un sello oficial o una medalla honorífica, este mandala se inspira en un copo de nieve.

MANDALA 16
Formas de abanicos abriéndose que evocan la pulsante energía de la vida durante la etapa de Cristalización.

MANDALA 17

Salpicaduras de color, pájaros fantásticos o criaturas alerta. ¿Qué ves en este mandala?

Mandala 18

Los ritmos de la respiración, la apertura de una flor, la sensación de paz interior. Todo eso sugiere este mandala.

Mandala 19

Inspirado en la Rueda de la Vida budista, este mandala alude a los repetitivos ciclos de la existencia, así como a la práctica de la meditación como medio para romper ligaduras.

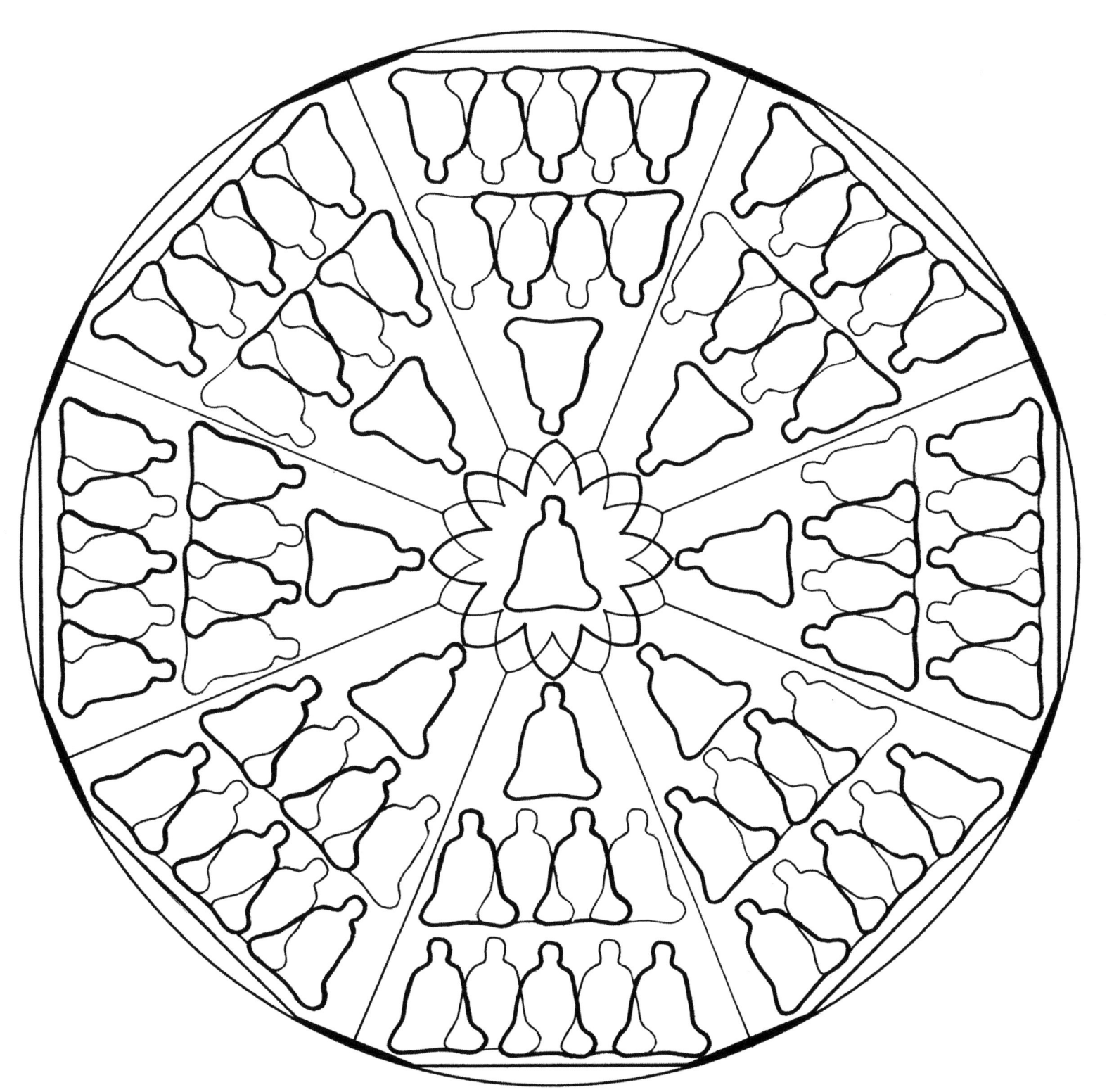

MANDALA 20

Las prácticas contemplativas movilizan la conexión entre todos los que siguen un camino similar: comunión de los santos, shanga o almas afines.

Mandala 21
La salida y la puesta del sol, luna creciente y menguante o líneas de magnetismo terrestre. ¿Qué imaginas en este mandala?

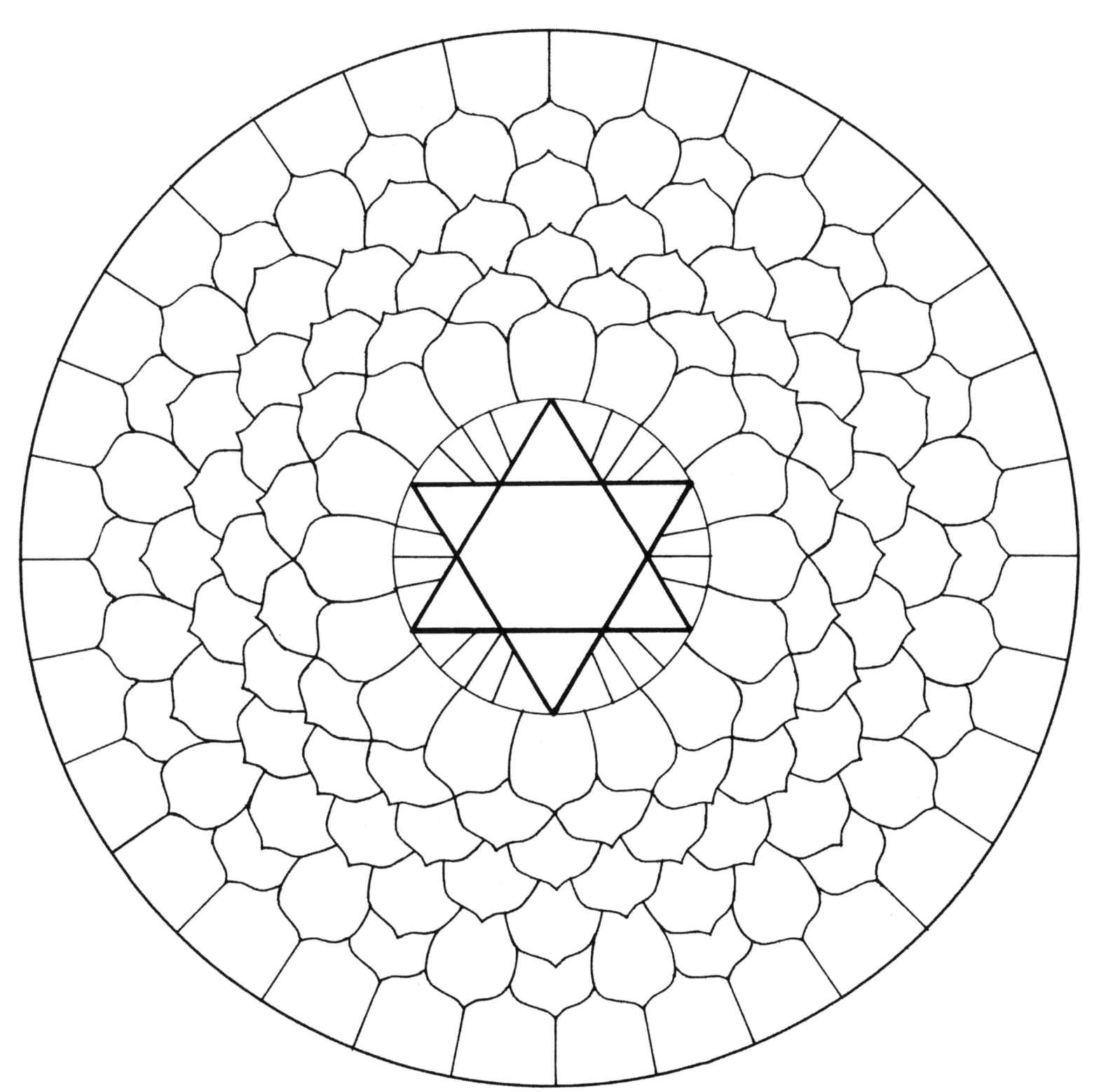

Mandala 22

La rosa celestial sujeta la forma de dos triángulos que se funden. En la tradición judía es la estrella de David, el sello de Salomón o el símbolo de la unión de dios con Shekhina, la presencia divina femenina.

MANDALA 23

Los lirios beben de las flotantes vías de fragancia que unen unos con otros. Inspirado en la estructura de un copo de nieve.

MANDALA 24

Los capullos de lirio rodean el centro de este mandala invitándote a añadir tu propia opción de formas y colores.

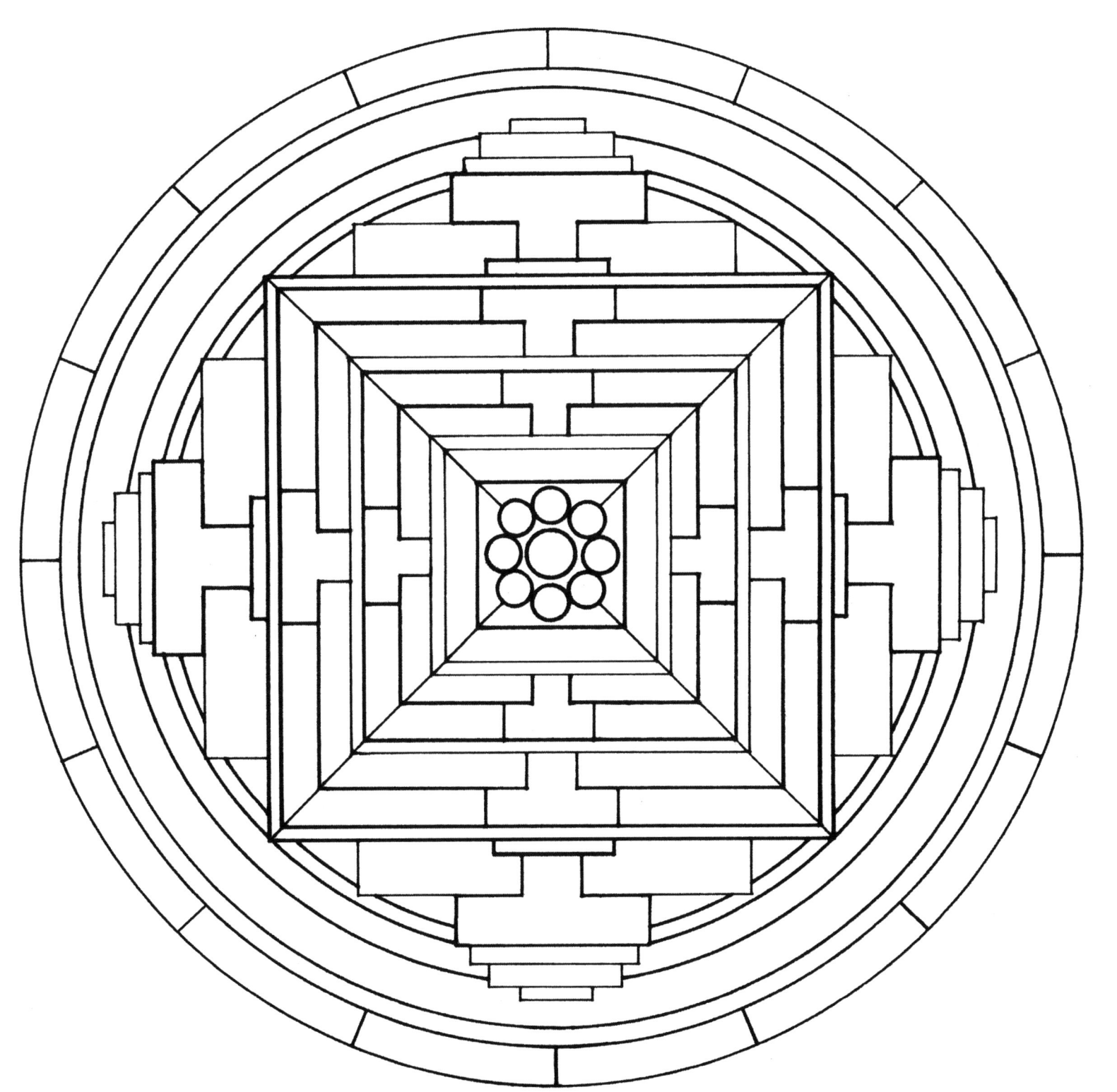

MANDALA 25

Los mandalas de budismo tibetano con frecuencia adoptan la forma de un palacio o ciudad amurallada rodeando un precinto sagrado como en este.

Mandala 26

Algodonosas nubes jalan de mil filamentos unidos en el centro que permanece inmóvil, o que, quizá, se mueve en sentido contrario.

MANDALA 27

Peces que miran a las estrellas desde las profundas aguas de nuestro inconsciente convergen en el centro de este diseño basado en una iluminación celta.

Mandala 28

Este mandala nos invita a observar el arreglo de vasos llenos de néctar, flores e incienso como ofrendas votivas.

MANDALA 29

Diseños dinámicos encuadran una imagen de la Virgen María, del rosetón de la catedral de Friburgo, Alemania.

MANDALA 30

Esta rueda demuestra que es posible el equilibrio entre el centro tranquilo y estático y el giro vertiginoso del exterior. Cada uno necesita al otro.

Mandala 31

Mandala inspirado en un diseño nepalí del siglo XVIII utilizado como una ayuda para comprender la unidad del Self y el cosmos.

MANDALA 32

Descubrir un punto de vista en medio de la realización espiritual es uno de los retos durante Cristalización. Basado en un diseño indio.

MANDALA 33

Basado en un diseño indio del siglo XVIII *que evoca a la diosa Tara.*

MANDALA 34

Los pétalos se extienden hacia fuera desde el centro, flotando en un espacio circular como un lirio en un estanque tranquilo.

Mandala 35

Bandas vigorosamente entretejidas sugieren el curso de la energía en el Universo. Basado en los diseños en mármol de la tumba del emperador Akbar de la India.

MANDALA 36

Este complejo diseño se basa en un solo filamento, una lección sobre que el uno y los muchos son lo mismo. Basado en los diseños en mármol de la tumba del emperador Akbar de la India.

MANDALA 37

Las líneas curvas se deslizan suavemente por encima y por debajo, hacia el centro y hacia fuera, en este mandala femenino de inspiración islámica.

Mandala 38

Una compleja flor llena el centro de este mandala basado en un diseño iraní del siglo XVI.

Mandala 39

Llevando tu mirada por los complicados caminos de este mandala puede ser tan confuso que el pensamiento se rinde y la calma prevalece.

Mandala 40

Pares unidos rotan sobre sí mismos y alrededor del centro. Ruedas dentro de una rueda.

Mandala 41

Como los planetas giran alrededor del Sol, experimentamos el centro de gravedad de la psique, como el Cristo interior, la imagen del Dios interior.

Mandala 42

Una figura meditativa se encuentra como en casa en el Universo. Sentado en el centro de este mandala inspirado en un Thangka budista.

Mandala 43

Como partículas atómicas, este mandala crea una imagen con líneas que se arremolinan. ¿Ves la estrella de seis puntas en la intersección de los círculos?

MANDALA 44

Elegantes círculos entrelazados, como danzarines moviéndose al unísono en sintonía con el centro del círculo.

MANDALA 45

Triángulos que se funden para crear rombos, símbolo de la síntesis que se da en Cristalización.

MANDALA 46

Patrones dentro de patrones, aluden a la experiencia del profundo autoconocimiento.

Mandala 47

Flor extravagante con pétalos transparentes, lo mejor para dejar entrar la luz.

Mandala 48

Círculos alados esperan tus colores para revelar completamente la complejidad de su relación.

MANDALA 49

Cuatro cintas entretejidas para crear una estrella deslumbrante de doce puntas. Inspirado en un diseño egipcio.

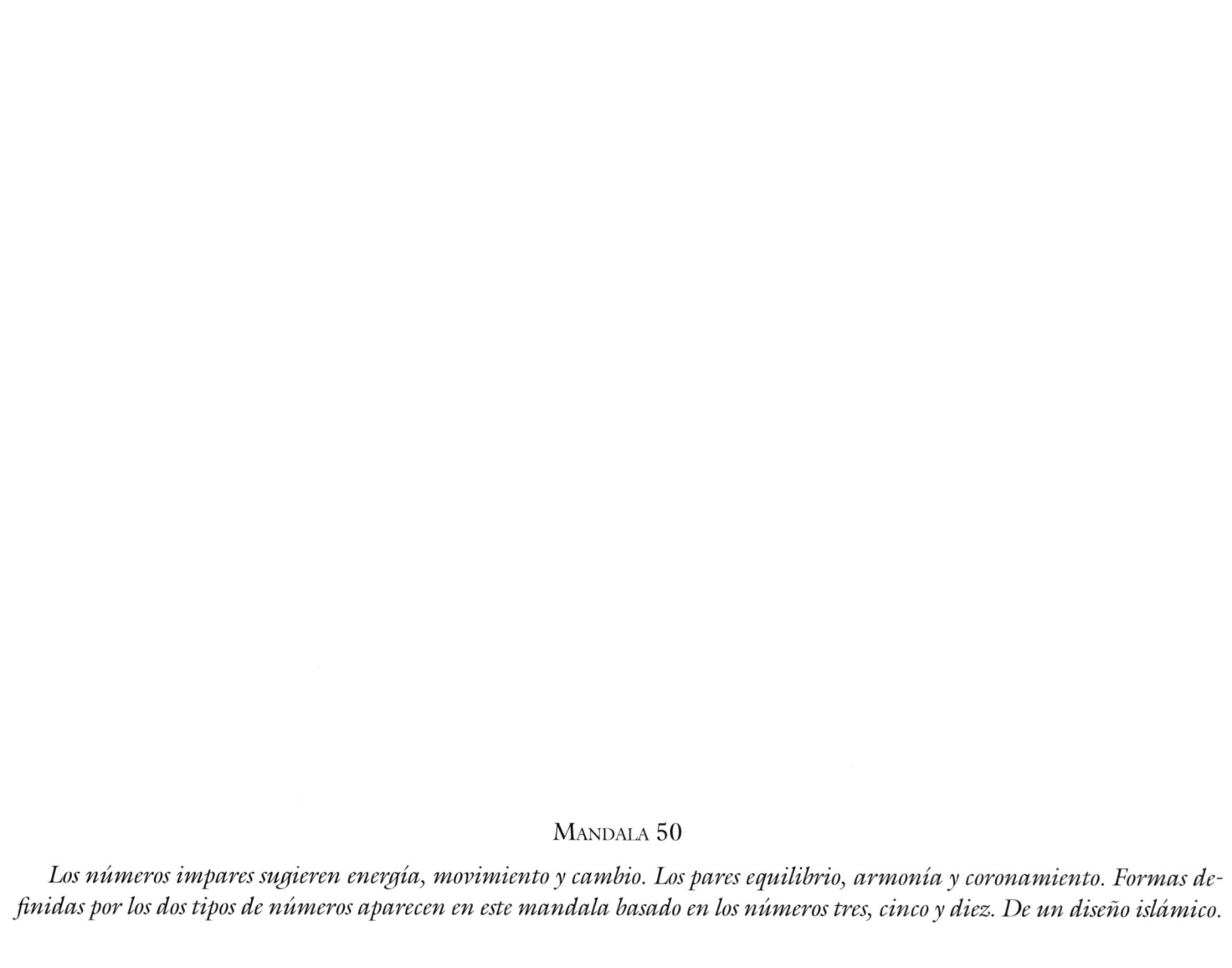

MANDALA 50

Los números impares sugieren energía, movimiento y cambio. Los pares equilibrio, armonía y coronamiento. Formas definidas por los dos tipos de números aparecen en este mandala basado en los números tres, cinco y diez. De un diseño islámico.

Mandala 51

Una vibrante matriz de líneas que revela un sereno patrón debajo, agradable paradoja de movimiento y calma.

MANDALA 52

Como imágenes holográficas del centro, las pequeñas flores toman forma en los espacios definidos por las intersecciones.

Mandala 53

En Cristalización algunos experimentan el entendimiento como el descubrimiento de la fuente de luz interior.

Mandala 54

En el arte islámico las líneas rectas son masculinas mientras que las curvas son femeninas. Ambas se combinan tejiendo un patrón equilibrado y tranquilo.

MANDALA 55

Como sugieren los corazones de este mandala, la resolución de diferencias en Cristalización libera amor incondicional.

Mandala 56

Líneas que se unen de lado a lado del círculo, creando formas de almendra. Dentro, la flor cósmica flota en paz.

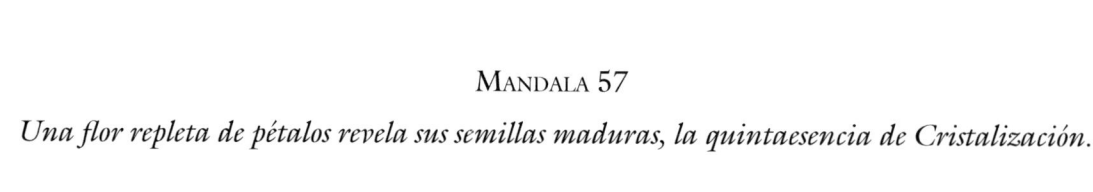

MANDALA 57

Una flor repleta de pétalos revela sus semillas maduras, la quintaesencia de Cristalización.

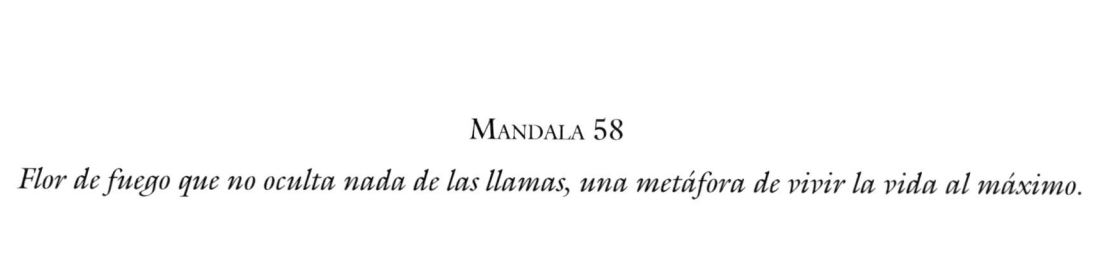

MANDALA 58

Flor de fuego que no oculta nada de las llamas, una metáfora de vivir la vida al máximo.

MANDALA 59

Un figura sabia medita entre las esferas celestiales, luz radiante y fuegos sagrados.

MANDALA 60

¿Son pétalos de flor o espadas ceremoniales para cortar a través de la ignorancia?

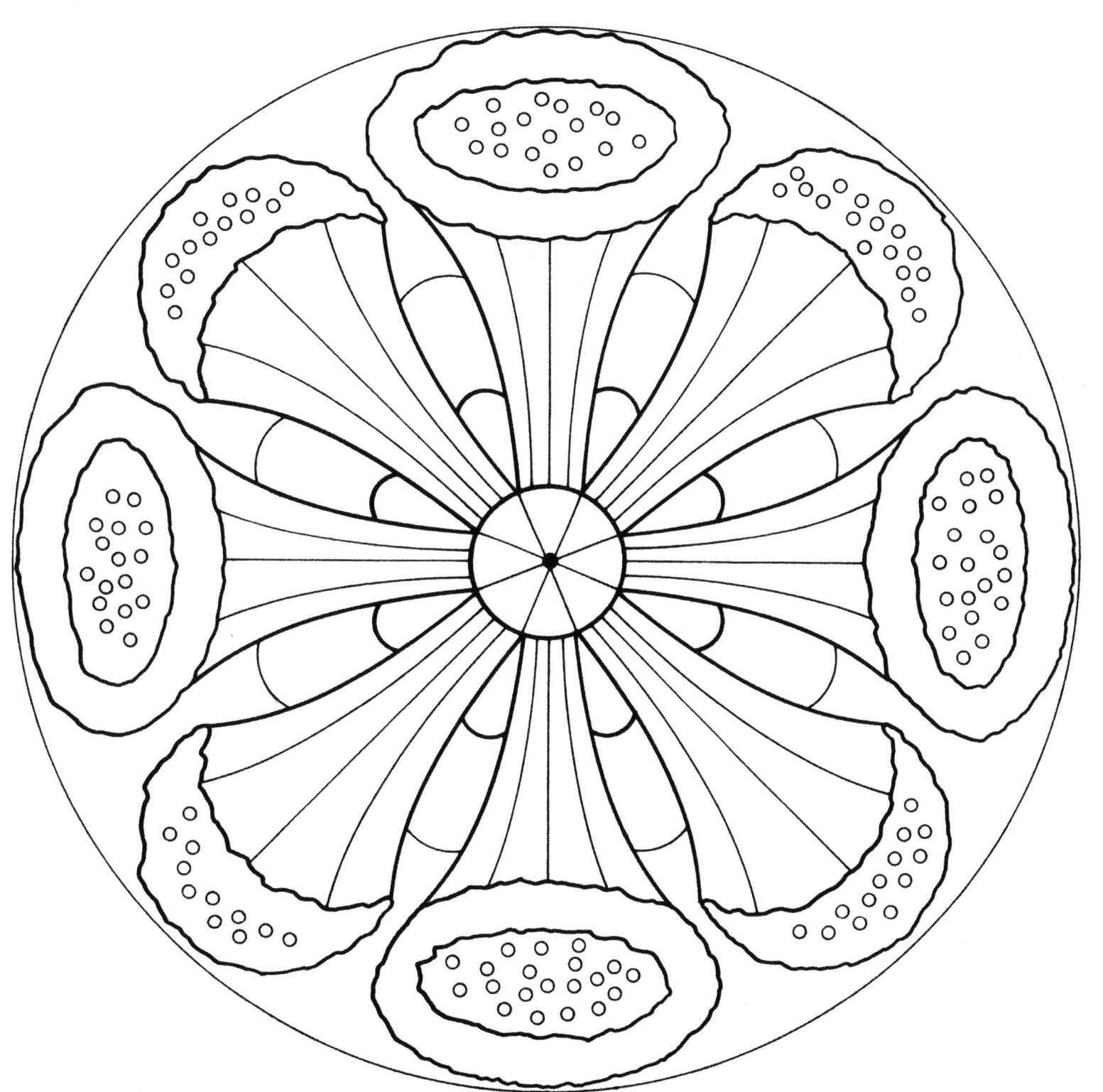

MANDALA 61

Flores trompeta crecen desde el centro, sonando sus mensajes a través de tu elección de colores.

MANDALA 62

Simples bandas y elegantes flores consiguen un alegre equilibrio. Basado en un diseño turco.

MANDALA 63

Triángulos que giran en laberintos que pasman la vista. De un diseño islámico.

Mandala 64

Orondas bayas entre los pétalos y hojas de este mandala flor, transmitiendo la madurez de Cristalización.

Mandala 65

La unión entre las cualidades activa y receptiva se pueden encontrar en este delicado mandala de inspiración islámica.

MANDALA 66

Los pequeños cuartos crecientes de este mandala nos recuerdan la constancia de los cambios en la naturaleza. Cristalización no perdura para siempre.

Mandala 67

Doce peces nadan alegremente en el borde de este mandala, una referencia al anual giro del ciclo temporal, ralentizado durante Cristalización.

MANDALA 68

Las cintas puras de una estructura cristalina sostienen a las delicadas flores en su sitio. Diseño islámico.

MANDALA 69

Este mandala de diseño de joya se basa en un thangka nepalí del siglo XIX *utilizado para limpiar y enfocar la conciencia.*

Mandala 70

Arabescos a base de símbolos de infinitos, tocando el centro, crean vibrantes diseños para colorear.

MANDALA 71

¿Qué sucede con la flor tras el florecimiento? El retorno a la Tierra como anuncian los bordes marchitados de este mandala.

MANDALA 72

El giro de la rueda nos recuerda la continua marcha del tiempo y señala el término de los maravillosos mandalas asociados a Cristalización, la etapa del Gran Círculo. Inspirado en un relieve budista.

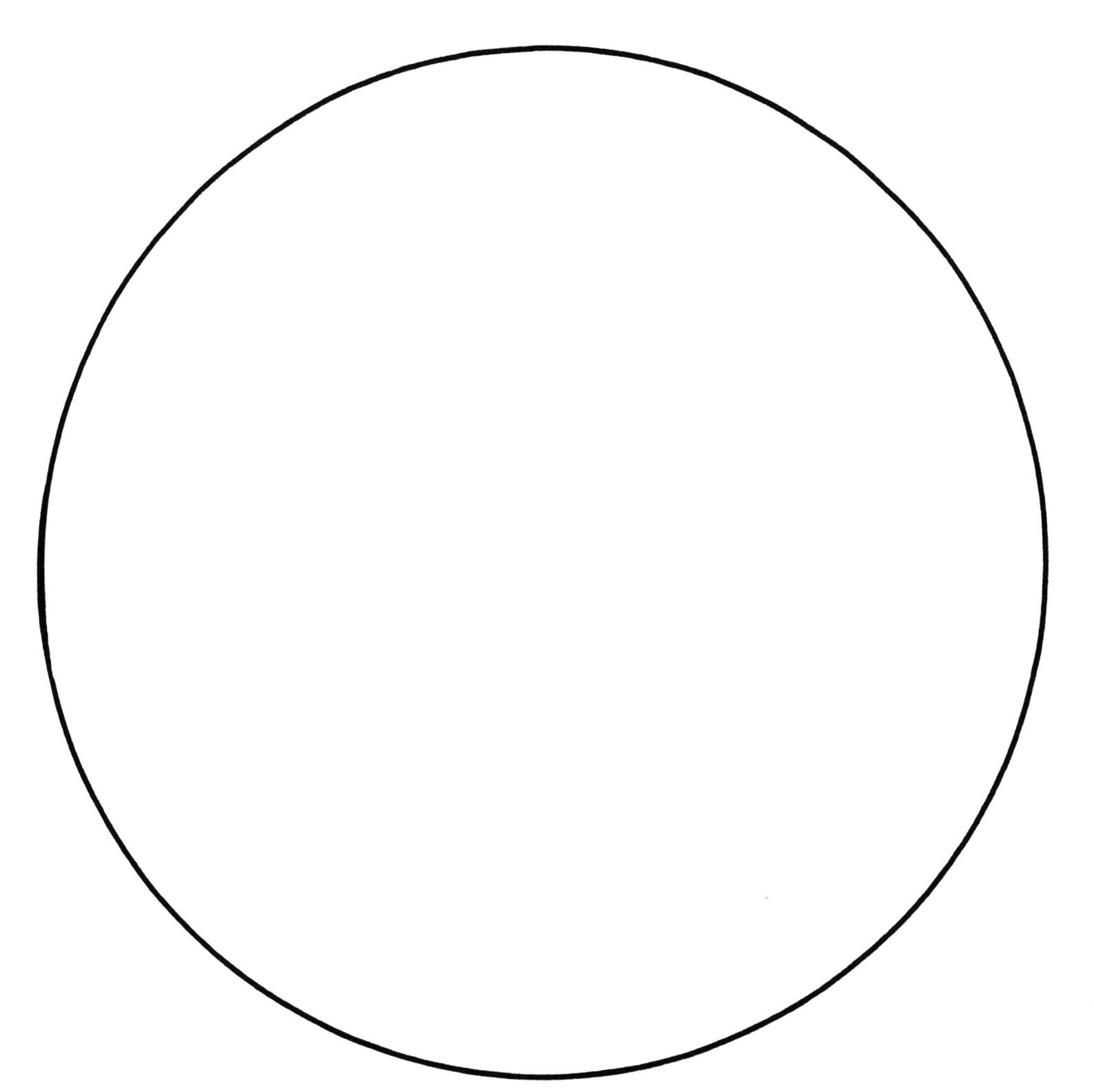

¡Crea tu propio mandala!

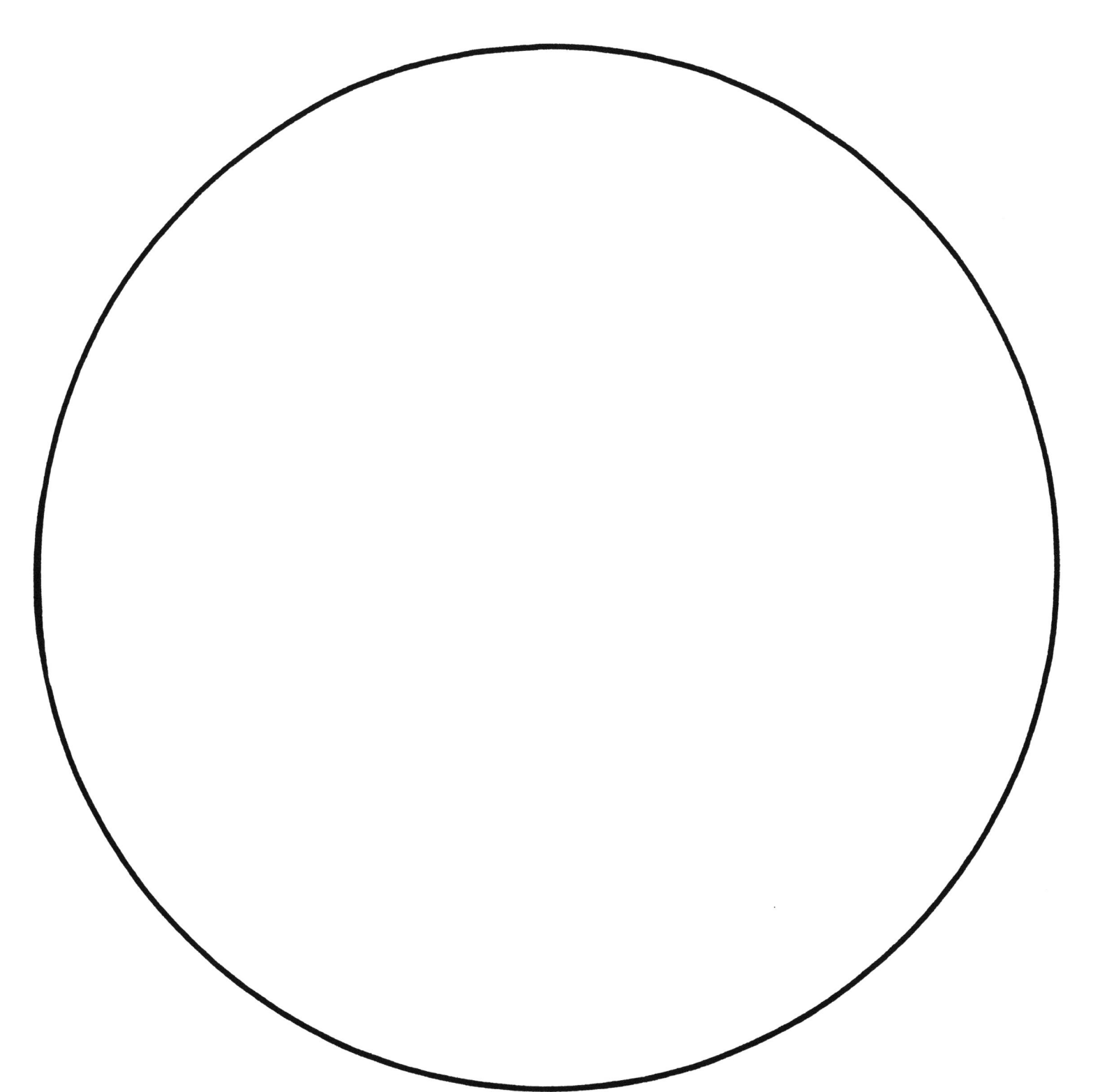

¡Crea tu propio mandala!